Felix & Theo

Ein Fall auf Rügen

Langenscheidt

Berlin · München · Wien · Zürich · New York

Leichte Lektüren
Deutsch als Fremdsprache in drei Stufen
Ein Fall auf Rügen *Stufe 3*

Dieses Werk folgt der neuen Rechtschreibung
entsprechend den amtlichen Richtlinien.

© 2003 by Langenscheidt KG, Berlin und München
Druck: Mercedes-Druck, Berlin
Printed in Germany
ISBN 978-3-468-49709-4

Die Hauptpersonen dieser Geschichte sind:

Helmut Müller, Privatdetektiv, macht Urlaub auf der Insel Rügen. Aber frische Seeluft allein ist manchmal langweilig ...

Bea Braun, Sekretärin von Helmut Müller, bleibt lieber in Berlin und ist ein bisschen eifersüchtig.

Martha Gleiwitz hat eine kleine Pension in Juliusruh auf der Insel Rügen.

Gerlinde Schmitz, Lehrerin aus Lübeck, macht zur Zeit eine Klassenfahrt mit der 11 b auf der Insel Rügen.

Robert Holm, Lehrer, begleitet Frau Schmitz und die Klasse 11 b.

Schülerinnen und Schüler der Klasse 11 b; genannt ‚das Kleeblatt'.

Axel Fischer fotografiert gern und kommt nahe an den Abgrund.

Meike Röder und Anja Bauer haben keine Geheimnisse voreinander – oder doch?

Sven Geertz ist der Vierte im Kleeblatt. Oft bringt das Glück.

1

„Sie wünschen?“
„Ich hätte gerne eine Portion Kaffee und einen Apfelku-
chen.“
„Mit Sahne?“
„Nein danke. Ohne Sahne, bitte.“

Helmut Müller macht Urlaub.
„Fahren Sie ans Meer“, hat sein Arzt gesagt, „Seeluft ist ge-
sund!“
Zuerst wollte er nach Italien fahren. Dann wollte er seinen
alten Freund Felix in Spanien besuchen. Aber im August ist
es dort zu heiß und Müller mag keine weiten Reisen.
Schließlich ist Müller nach Rügen gefahren.
Die Insel Rügen liegt in der Ostsee. Von Berlin ist das nicht
so weit, nur ungefähr 300 Kilometer.
Jetzt sitzt der Privatdetektiv in einem kleinen Café in
Breege.
An den Nebentisch setzt sich eine Dame und bestellt.
Ihre Blicke begegnen sich, die Dame schenkt Müller ein
Lächeln.

Müller freut sich auf Kaffee und Kuchen.
Der Kellner kommt mit einem großen Tablett. Zuerst geht
er zum Nebentisch.
„Eine Portion Tee mit Milch und einen Apfelkuchen. Bitte
schön!"
„Vielen Dank", antwortet die Dame.
Dann kommt der Kellner an den Tisch von Helmut Müller.
„Ihr Kaffee, bitte schön!"
„Entschuldigung, wo ist mein Apfelkuchen?"
„Ihr Apfelkuchen? Oh, tut mir leid, das war das letzte Stück
…"
Müller will protestieren. Er war doch zuerst da und hat zu-
erst bestellt …

„Wollen wir den Kuchen nicht einfach teilen? Herr Ober, bringen Sie doch bitte noch einen Teller und eine Kuchengabel!"

Ein paar Minuten später sitzt Helmut Müller bei der Dame am Nebentisch. Sie heißt Gerlinde Schmitz, ist Lehrerin, wohnt in Lübeck und macht gerade eine Klassenfahrt mit der 11 b nach Rügen.

„Jetzt wissen Sie fast alles über mich. Aber außer Ihrem Namen weiß ich noch gar nichts über Sie, Herr Müller."
Der Privatdetektiv isst das letzte Stückchen vom Apfelkuchen und erzählt.
Er erzählt von seinem Büro in Berlin, von seiner Arbeit und von seiner Sekretärin Bea Braun.
Helmut Müller findet Gerlinde Schmitz sehr sympathisch. Aber leider muss sie jetzt weg.
„Tut mir leid, Herr Müller. Ich muss zurück ins Jugenddorf. Es hat mich sehr gefreut, Sie kennenzulernen. Vielleicht treffen wir uns mal wieder."
Frau Schmitz steht auf und gibt Müller die Hand.
„Wirklich schade, dass Sie schon gehen müssen, Frau Schmitz. Vielleicht können wir uns morgen treffen? Hier im Café?"
„Tut mir leid. Morgen habe ich den ganzen Tag Programm mit der Klasse. Wir machen eine Wanderung zum Kap Arkona[1]."
„Dann darf ich Sie vielleicht zum Abendessen einladen? Ins Restaurant Jasmund, am Hafen?"
„Ich weiß noch nicht genau, das muss ich mit meinem Kollegen Holm besprechen. Kann ich Sie anrufen?"
Helmut Müller und Gerlinde Schmitz tauschen ihre Handynummern aus.

„Hier seht ihr den alten Leuchtturm. Den hat Karl Friedrich Schinkel[2] von 1826 bis 1829 erbaut. Und daneben ist der neue Leuchtturm. Er wurde 1902 fertig und zeigt seither den Schiffen den Weg. Sein Licht kann man bis zu 25 Seemeilen[3] weit sehen."
Die Klasse 11 b steht auf dem Kap Arkona und der Lehrer Robert Holm erklärt.

„Mann, ist das langweilig! Komm, wir gehen schon mal vor."
„Moment noch, ich sage nur Herrn Holm Bescheid."
„Herr Holm, können wir schon vorausgehen? Ich will Fotos machen."
„O.k., aber in Gellort[4] wartet ihr auf uns. Und passt beim Hochufer auf, da ist es ziemlich steil!"

„Das ist ein tolles Motiv! Ich mache ein paar Aufnahmen!"
Axel Fischer holt seinen Fotoapparat aus der Fototasche. Dann wählt er den Bildausschnitt und misst die Belichtung. Klick!
„Mensch, Axel, beeil dich! Wir müssen miteinander reden."
„Es gibt nichts mehr zu reden. Mein Entschluss steht fest!"
Axel Fischer kontrolliert den Bildausschnitt und macht noch ein Foto.
„An deiner Stelle würde ich mir das noch mal gut überlegen. Du kennst die Konsequenzen!"
Axel Fischer ist mit der Aufnahme fertig und dreht sich um:
„Nein! Ich habe dir doch gesagt ... He! Was machst du denn ..."

„Möchten Sie noch ein bisschen Kaffee, Herr Müller?"
„Gerne, Frau Gleiwitz! Vielen Dank."
Martha Gleiwitz gießt Kaffee aus einer Thermoskanne[5] in eine große Porzellantasse.
„Fehlt sonst noch etwas?"
„Nein. Alles bestens, Frau Gleiwitz."

Helmut Müller sitzt an einem kleinen Holztisch und frühstückt.
Es gibt Brötchen, Schinken, ein weiches Ei, Butter und Marmelade.
Es ist acht Uhr morgens und die Sonne scheint. Es ist immer noch sehr warm, obwohl es schon Ende August ist. Der Sommer ist fast vorbei.
Der Privatdetektiv verbringt seinen Urlaub in einer kleinen Pension[6] in Juliusruh bei Breege.
Das ist ein kleiner Ort im Norden der Insel, ganz nah am Meer.
Die Pension gehört Frau Gleiwitz und sie kümmert sich um Müller wie eine Mutter.

Heute Morgen hat Helmut Müller schlechte Laune.
Gestern wollte er mit Gerlinde Schmitz zu Abend essen.
Aber sie hat nicht angerufen, nur eine SMS[7] geschickt:
Keine Zeit! Melde mich. Gerlinde.
Und später am Abend kam noch eine SMS:
Mittwoch, 13 Uhr, Restaurant Jasmund?

„Möchten Sie die Zeitung, Herr Müller?"
„Nein danke, Frau Gleiwitz. Im Urlaub lese ich keine Zeitung. Da stehen doch nur schlechte Nachrichten drin."

„Ich lege sie Ihnen hier auf die Bank, vielleicht haben Sie
ja später doch noch Lust, ein bisschen zu lesen."
„Danke, Frau Gleiwitz!"

Helmut Müller beendet sein Frühstück.
Sein Blick fällt auf die Zeitung. Er kann die Schlagzeile auf
der Titelseite nicht lesen. Der Text steht auf dem Kopf.

Er dreht den Kopf und entziffert: „Schreck... Unfall ..."
Schließlich steht er doch auf und holt die Zeitung.
„Schrecklicher Unfall" lautet die Schlagzeile. Müller beginnt zu lesen:

Schrecklicher Unfall!

Gestern passierte ein schrecklicher Unfall am Kap Arkona. Axel F., 17, Schüler aus Lübeck, stürzte vom Hochufer. Schwer verletzt konnten ihn die Rettungskräfte bergen. Er liegt zurzeit in der Klinik in Sassnitz. Gerlinde S., 38, Lehrerin der Klasse 11 b: ‚Ich bin schockiert. Wie konnte das passieren?' Seit Jahren fordert der Tourismusverband bessere Sicherheitsmaßnahmen ...

Safty measures.

Helmut Müller liest den Artikel noch einmal.

„Gestern passiert und heute in der Zeitung! Ist sie nicht schnell, unsere kleine Inselzeitung?" Frau Gleiwitz räumt den Frühstückstisch ab.
„Schreckliche Geschichte, das mit dem Jungen. Aber er hatte Glück! Die jungen Leute sind oft selbst schuld, passen nicht auf, haben nur Unsinn im Kopf. Aber wir waren ja auch mal jung, nicht wahr, Herr Müller?"

Helmut Müller betritt um 13 Uhr das Restaurant ‚Jasmund‘, Gerlinde Schmitz sitzt schon an einem Tisch auf der Terrasse.

„Hallo, Gerlinde. Schön, dass Sie trotzdem gekommen sind!“

„Hallo, Helmut. Sie wissen also schon Bescheid?“

„Ja. Das war heute Morgen meine Frühstückslektüre. Wie geht es dem Jungen?“

„Nicht gut. Er hat Knochenbrüche und Verletzungen am Kopf. Er war lange bewusstlos ...“

Gerlinde Schmitz wischt mit der Hand über ihre Augen.

„Es ist schön, dass Sie gekommen sind, Helmut. Diese Klassenfahrt und jetzt auch noch dieser schreckliche Unfall, ich muss mit jemandem reden.“

„Und Ihr Kollege, Herr Halm ...?“

„Holm! Robert Holm. Der ist heute mit der Klasse beim Baden. Hoffentlich ertrinkt niemand ...“

Den letzten Satz sagt die Lehrerin mit einem traurigen Lächeln.

„Zum Glück können Sie noch lächeln. Haben Sie Hunger? Wollen wir nicht etwas bestellen?“

„Essen Sie ruhig, Helmut. Ich habe keinen Appetit.“

Helmut Müller bestellt eine Fischplatte und dazu einen trockenen Weißwein.

„Ich habe Sie vorhin unterbrochen, Gerlinde. Sie wollten von dem Jungen erzählen."

„Axel Fischer ist ein netter Junge. Er tut mir so leid ... und das Schlimmste ist, ich weiß nicht, wie ich es seinen Eltern erklären soll ..."

„Wie ist der Unfall passiert?"

„Das hat mich die Polizei auch schon gefragt. Ich weiß es nicht, ich war nicht dabei. Wir haben gestern einen Ausflug zum Kap Arkona gemacht. Das ist nicht weit von Breege, im Norden der Insel. Wir sind mit dem Bus nach Putgarten gefahren. Von da sind wir gewandert. Wir sind den Weg auf dem Hochufer entlangspaziert. Diese Tour kann ich Ihnen übrigens sehr empfehlen, man hat einen wunderschönen Blick auf das Kap Arkona. Dann haben wir die beiden Leuchttürme besichtigt. Axel Fischer ist mit einem Mitschüler vorausgegangen. Axel ist ein leidenschaftlicher Amateurfotograf. In Gellort wollten wir uns zur Picknickpause wieder treffen ... ."

„Was sagt denn der Mitschüler? Hat er den Unfall gesehen?"

„Nein. Er war nicht in der Nähe. Axel wollte Fotos machen und ist vielleicht zu nahe an das Steilufer gekommen. So muss es passiert sein ..."

Wieder wischt die Lehrerin mit der Hand über die Augen.

Müller legt seine Hand auf den Arm von Frau Schmitz.

„Ich würde Ihnen gerne helfen, Gerlinde. Ich weiß nur nicht wie ..."

„Schon gut, Helmut. Vielleicht ist ja morgen Zeit für einen Spaziergang am Strand. Oder wir treffen uns einfach mal in Lübeck. Schade, dass diese Klassenfahrt so endet ..."

„Frau Gleiwitz, darf ich mir eine Wanderkarte ausleihen?"
„Wohin möchten Sie denn, Herr Müller?"
„Ach, ich wollte mir vielleicht die beiden Leuchttürme an-
sehen. Ist ja nicht weit, oder?"
„Nein. Sie fahren am besten mit dem Bus nach Putgarten
und spazieren auf dem Hochufer entlang. Wo ist denn die
Karte? Ach, hier!"

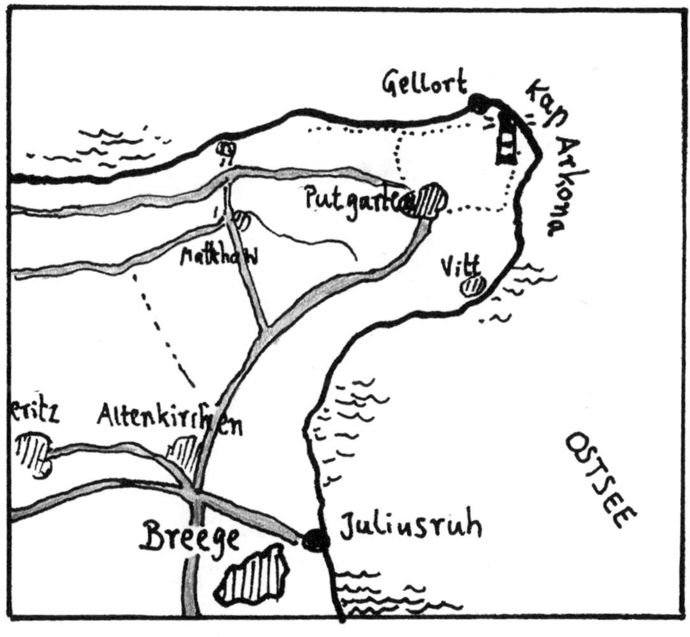

Im Bus studiert Helmut Müller die Wanderkarte.
Selbstverständlich macht er nur einen „Ausflug", denn der
Privatdetektiv hat ja Urlaub. Aber vielleicht kann er Frau
Schmitz helfen?

Nach einer Stunde steht er an den beiden Leuchttürmen auf Kap Arkona. Der kleinere ist schon fast 180 Jahre alt. Heute ist ein Museum darin. Müller kauft eine Postkarte und spaziert weiter.

Er kommt an eine Stelle, wo Äste und Zweige auf dem Weg liegen. Vorsichtig geht er ein paar Schritte zum Steilufer und sieht hinunter. Es gibt kein Geländer und keine Absperrung.

„Ziemlich gefährlich! Hier muss es gewesen sein", denkt Müller und betrachtet den Weg. Er sieht viele Fußspuren und Abdrücke von Reifen im Kreideboden.

Am Boden glänzt ein kleines Stückchen Metall in der Sonne.

Der Privatdetektiv bückt sich und hebt es auf: Ein Knopf. Ein Metallknopf von einer Jeansjacke.

Helmut Müller sitzt im Dünengras und starrt auf die Ostsee.

Der Unfall geht ihm nicht aus dem Kopf.

Er holt sein Handy aus der Jacke und wählt eine Nummer in Berlin.

„Privatdetektei Müller, Bea Braun! Guten Tag, Sie wünschen?"

„Hallo, Bea, hier ist Helmut, äh, hier ist Müller ..."

„Hallo, Chef! Schön, dass Sie anrufen! Wie geht es Ihnen?"

„Gut, danke. Rügen ist wirklich toll und das Wetter ist auch prima."

„Das klingt aber nicht sehr begeistert."
„Na ja, hier gibt es ein Problem. Besser gesagt, Frau Schmitz hat ein Problem. Ein Schüler hatte einen Unfall und ich möchte Frau Schmitz ..."
„Ach du meine Güte! Ich weiß, was jetzt kommt. Können Sie nicht einfach mal eine Woche Urlaub machen, Chef? Ohne Frauengeschichten und ohne neue Fälle?"
„Ja, aber Frau Schmitz ..."
„Frau Schmitz ist bestimmt sehr reizend und sehr hilflos und braucht einen starken James Bond, nicht wahr?!"
„Bea! Sie sind ja eifersüchtig."

„Und wie, Chef! Ich bin immer eifersüchtig! Vor allem auf Frauen, die mit ihren Problemen Privatdetektive belästigen!"

Müller hört aus dem Handy das laute Lachen von Bea Braun.

„Schon gut, Chef. Das klärt sich bestimmt alles bald auf. Machen Sie Ferien! Sie wissen ja, was Ihr Arzt gesagt hat!"

„Ich weiß, Bea, ich wollte nur mal hören, wie es Ihnen geht."

6

Am Abend sitzt Helmut Müller wieder an dem Holztisch und liest.

Er kann sich nicht konzentrieren.

Er beschließt, einen kleinen Abendspaziergang zum Jugendhotel zu machen. Vielleicht trifft er ja zufällig die Lehrerin.

Er legt das Buch auf den Tisch und nimmt seine Jacke.

„Gehen Sie noch mal weg, Herr Müller?"
„Frau Gleiwitz sieht alles und hört alles", denkt Müller.
Aber er antwortet freundlich:
„Nur ein kleiner Abendspaziergang, Frau Gleiwitz. Bin
bald zurück!"

Er geht zum Meer und spaziert am Strand entlang zum
Jugendhotel.
In einiger Entfernung sieht er den Lichtschein von einem
Lagerfeuer. Er hört leise Gitarrenmusik. Er geht weiter.
Um das Lagerfeuer sitzt die Klasse 11 b. Robert Holm ist
der Gitarrenspieler. Gerlinde Schmitz sitzt neben ihrem
Kollegen. Abseits vom Lagerfeuer sitzen drei Jugendliche,
zwei Mädchen und ein Junge.

Die drei flüstern aufgeregt miteinander.
Das Mädchen in der Mitte fängt an zu weinen.
Im Schutz der Dunkelheit geht der Privatdetektiv näher zu
der Gruppe. Er versteht aber nur einige Gesprächsfetzen:
„Ihr seid doch zusammen weggegangen!"
„Habt ihr euch gestritten?"
„Ich habe keine Ahnung! Und wenn ihr das nicht glaubt,
dann ..."
„Deine Drohungen kennen wir schon!"
„Erzählt bloß keinen Quatsch!"
„Hast du Axels Fotoapparat?"
„Ich weiß gar nichts ..."

Helmut Müller steht noch ein bisschen in der Dunkelheit.
Dann geht er zurück zur Pension.
Auf dem Heimweg denkt er über die Unterhaltung der drei
Schüler nach.
„Richtig! Der Fotoapparat! Wo ist eigentlich der Fotoapparat? Da werde ich morgen früh gleich mal Gerlinde fragen."

7

„Frühstück!!"
Frau Gleiwitz klappert mit dem Frühstücksgeschirr und
ruft noch einmal:
„Frühstück!!"
„Ich komme!", ruft Helmut Müller aus seinem Zimmer.
Er sucht seine Kleider. Die Hose ist voller Sand und er
schüttelt sie über der Badewanne aus.
Aus der Hosentasche fällt ein kleines Metallstück.
„Der Jeansknopf! Den hatte ich ja ganz vergessen!"

Der Privatdetektiv steckt den Knopf wieder ein und zieht
sich schnell an.

„Guten Morgen, Herr Müller! Heute vielleicht ein weich
gekochtes Ei? Und hier ist die Zeitung. Dem Jungen geht
es besser ...“
„Danke, Frau Gleiwitz. Ich frühstücke heute später, ich
muss zuerst noch etwas erledigen!“
Eilig geht Müller zum Jugendhotel.
Um kurz nach acht Uhr steht er in der Eingangshalle und
liest den Wegweiser.

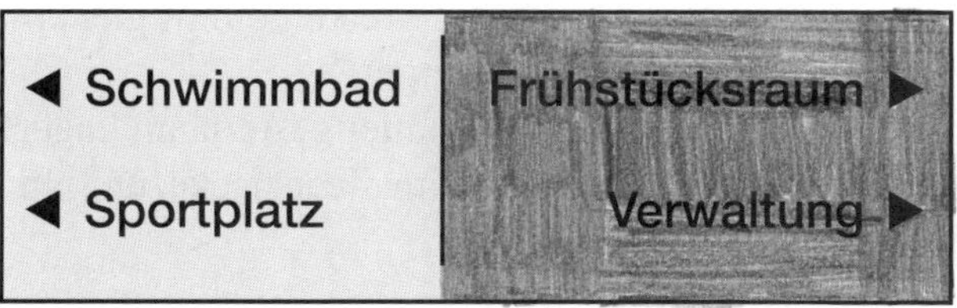

„Ah, hier. Zum Frühstücksraum geht es nach rechts.“
Der Frühstücksraum ist fast leer. Nur ein paar Jugendliche
sitzen müde an einem langen Tisch.
„Helmut! Was für eine nette Überraschung! Trinken Sie
einen Kaffee mit mir?“
Neben ihm steht Gerlinde Schmitz und lächelt.
Sie nimmt ein Tablett, stellt zwei Tassen darauf und geht
zum Kaffeeautomaten.
„Milch und Zucker?“
„Ja, bitte. Gerlinde, ich wollte ...“
„Kommen Sie, Helmut. Dahinten sind wir ungestört.“
„Entschuldigen Sie bitte, Gerlinde, dass ich Sie hier unan-
gemeldet besuche. Aber mir geht der Unfall von Axel nicht
aus dem Kopf.“

„Haben Sie heute noch keine Zeitung gelesen? Axel geht es besser! Robert ist vorhin ins Krankenhaus gefahren.“
„Das sind gute Nachrichten! Aber ich wollte Sie etwas anderes fragen. Wissen Sie, wo der ...“
Im gleichen Moment betritt eine Schülerin den Frühstücksraum. Sie sieht sich um und sieht die Lehrerin. Die Schülerin kommt langsam näher. Ihre Augen sind ganz rot. Helmut Müller erkennt sie wieder: das Mädchen vom Lagerfeuer.
Ein Junge kommt in den Raum und ruft laut:
„Meike, kommst du mal! Ich muss dir was zeigen!“
Er läuft zu dem Mädchen, packt es am Arm und sagt lächelnd zu der Lehrerin:
„Guten Morgen, Frau Schmitz. Meike kommt gleich wieder, ich muss ihr schnell was zeigen.“
Auch den Jungen hat Helmut Müller gestern am Lagerfeuer gesehen. Der Junge trägt eine Jeansjacke und an der Jeansjacke fehlt ein Knopf.

„Was wollten Sie mich fragen, Helmut?“
Der Privatdetektiv antwortet nicht. Schweigend starrt er in den Raum.
„Helmut? Was ist los mit Ihnen?“
„Wer war das?“
„Das war Sven ...“
„Und das Mädchen?“
„Meike, Axels Freundin. Seit dem Unfall ist sie ganz seltsam.“
„Vielleicht war es ja gar kein Unfall ...“
Erschrocken sieht die Lehrerin Müller an.
„Der Junge, Sven. An seiner Jacke fehlt ein Knopf – vielleicht dieser?“
Helmut Müller holt den Jeansknopf aus seiner Tasche und legt ihn auf den Tisch.

Eine halbe Stunde später sitzt der Privatdetektiv immer noch im Frühstücksraum.

Er trinkt die dritte Tasse Kaffee, als Gerlinde Schmitz zurückkommt.

„Sie sind alle weg. Heute Vormittag ist frei und die meisten Schüler sind jetzt beim Baden am Meer. Aber ich weiß nicht, ob wir das tun dürfen. Brauchen Sie nicht eine Durchsuchungserlaubnis?"

„Machen wir es nicht so kompliziert! Kommen Sie, Gerlinde, zeigen Sie mir das Zimmer von Axel."

Helmut Müller und die Lehrerin gehen in den zweiten Stock des Jugendhotels. Gerlinde Schmitz hat den Zimmerschlüssel und eine Liste.

„Axel Fischer hat mit drei anderen Schülern das Zimmer 204. Hier ist es."

Vorsichtig sperrt sie die Tür auf.

In dem Raum stehen vier Betten und vier Regale.

In den Regalen liegen Kleidungsstücke und Reisetaschen oder Rucksäcke.

In einem Regal liegt eine Fototasche. „Hier ist sie ja!"

Helmut Müller öffnet die Fototasche.

„Mist! Wo ist der Fotoapparat?"

Er sucht in den anderen Regalen.

An einer Reisetasche hängt ein Schild:

„Na, dann versuchen wir mal hier unser Glück."
Er öffnet die Reisetasche und durchsucht den Inhalt.
→„Pech! Da ist sie auch nicht ..."
„Helmut, ich finde das nicht richtig, in den Sachen der
Schüler herumzuwühlen! Was suchen Sie eigentlich?"
„Ich suche die Kamera von Axel. Aber wenn die Kamera
nicht hier ist, dann ist sie vielleicht noch am Unfallort."
Müller sieht auf die Uhr.
„Kommen Sie, Gerlinde! Wir müssen uns beeilen, der Bus
fährt in fünf Minuten!"

8

Gerlinde Schmitz und Helmut Müller sitzen im Bus nach
Putgarten.
Die Lehrerin ist verärgert.
„Helmut, Sie sind verrückt!"

„Ich wiederhole gerne noch einmal die Fakten: Auf einer
Wanderung passiert ein schrecklicher Unfall. Der Schüler
Axel Fischer fällt vom Steilufer. Warum? Keiner hat es ge-
sehen, niemand war in der Nähe.
Erste Frage: Wo war sein Begleiter?

Sven behauptet, Axel war alleine. Warum finde ich dann ausgerechnet an der Unfallstelle den Knopf von Svens Jeansjacke?
Zweite Frage: Was hat Axel zuletzt fotografiert?
Vielleicht geben uns die Fotos einen Hinweis.
Dritte Frage: Worüber haben die drei gestern am Lagerfeuer gestritten?
Vierte Frage: Was wollte Meike heute Morgen?
Und die wichtigste Frage: Was wissen Sie über die vier, Gerlinde?"

Die Lehrerin sieht lange schweigend aus dem Fenster.
„Entschuldigen Sie, Helmut, dass ich so unfreundlich war. Aber ich wollte das nicht glauben! Ich habe nachgedacht.

Ich kenne die vier seit der zehnten Klasse. Sie sind immer zusammen. Bei den Mitschülern heißen sie ‚das Kleeblatt‘. Sven gilt als Chef. Ich glaube, viele haben Angst vor ihm. Er kann ziemlich wütend werden. Da war mal so eine Sache, wo er einen Mitschüler verprügelt hat, ziemlich schlimm. Aber seine Eltern haben das irgendwie geregelt. Ich mag ihn nicht besonders. Axel ist das genaue Gegenteil. Er ist sehr beliebt. Nur letztes Jahr hatte er mal ein Problem. Man hat ihn beim Klauen[8] erwischt. Aber Jugendliche in diesem Alter machen auch mal Fehler ...“

Der Bus hält.
Helmut Müller nimmt die Lehrerin bei der Hand und beide spazieren zu den Leuchttürmen.
„Glauben Sie wirklich, dass wir den Fotoapparat finden, Helmut?“
„Wenn niemand schneller war als wir, dann ja. Erzählen Sie weiter, Gerlinde.“
„Meike ist die Freundin von Axel. Ich glaube, die beiden sind ein Paar. Und Anja ...“
„Moment mal! Ist das nicht Sven? Kommen Sie, Gerlinde! Besser, er sieht uns nicht.“
„Was macht der denn hier?“
„Ich denke, der sucht vielleicht auch nach dem Fotoapparat. Aber zum Glück an der falschen Stelle!“
„Können Sie bitte deutlicher werden, Helmut? Sie sprechen wieder in Rätseln.“
„Wir steigen hier runter zum Strand. Ich vermute, dass der Fotoapparat beim Sturz das Steilufer hinuntergerollt ist. Sven hat oben auf dem Hochufer gesucht.“

„Da oben ist es passiert! Man sieht die Spuren der Rettungsmannschaft. Also müsste der Fotoapparat irgendwo hier unten liegen.“

„Prima kombiniert, Kollegin! Mit ein bisschen Glück finden wir ihn. Also los.“

Die beiden suchen und suchen. Müller schwitzt. Seine Arme sind zerkratzt von den Zweigen der Büsche. Er hat keine Lust mehr.

„Helmut, sagen Sie mal ‚cheese‘!“

„Wie bitte?“

Der Privatdetektiv dreht sich um und blickt in das lachende Gesicht von Gerlinde Schmitz. In der Hand hält sie einen schmutzigen Fotoapparat.

9

„Das Frühstück habe ich abgeräumt!"
Frau Gleiwitz ist beleidigt.
„Entschuldigung, aber ich ..."
Frau Gleiwitz geht wortlos ins Haus.
Helmut Müller zuckt die Schultern und geht in sein Zimmer.
Er geht ins Bad. Er macht kein Licht. In dem dunklen Raum nimmt er fachmännisch den Film aus dem Apparat.

Frisch geduscht und in sauberen Kleidern sitzt er auf dem Bett und betrachtet den Fotoapparat.
„Eine teure Kamera! Der junge Mann bekommt wohl ziemlich viel Taschengeld!"
Er steckt den Film in seine Jacke und verlässt die Pension.
Frau Gleiwitz sieht er nirgends.

„Können Sie mir bitte diesen Film entwickeln?"
Der junge Mann im Fotogeschäft antwortet freundlich:
„In einer Stunde, so gegen vier Uhr, können Sie die Fotos abholen."
„Prima, danke!"

Der Privatdetektiv sitzt im Café in Breege und sieht nervös auf die Uhr. Auf dem Tisch liegt ein großer Blumenstrauß.
Endlich ist es vier Uhr. Helmut Müller geht zum Fotogeschäft.
Er holt die Fotos ab und geht eilig zurück zur Pension.
Von Frau Gleiwitz immer noch keine Spur.
Er legt den Blumenstrauß in der Küche auf den Tisch und notiert auf einen Zettel:

In seinem Zimmer breitet Müller die Fotos auf seinem Bett aus.

Fotos von den beiden Leuchttürmen, Fotos von der Ostsee, Fotos von den Kreidefelsen. Das letzte Bild ist unscharf. Müller erkennt ein Gesicht: „Sven!"

„Schmitz!"

„Hallo, Gerlinde, hier ist Helmut! Ich habe da etwas sehr Interessantes. Das könnte ein Beweis dafür sein, dass Axel beim Fotografieren am Hochufer tatsächlich nicht allein war. Können wir uns treffen?"

„Heute Abend ist die Abschlussparty. Ich habe eigentlich wenig Zeit, aber ich könnte für eine halbe Stunde bei Ihnen vorbeikommen."

„Treffen wir uns lieber im Café. Ich weiß nicht, ob Frau Gleiwitz Damenbesuch erlaubt ..."

„Kein Zweifel, das ist Sven. Aber was beweist das Foto?" Fragend sieht die Lehrerin Helmut Müller an.

„Es bestätigt meine Vermutung, dass hinter dem Unfall vielleicht etwas anderes steckt. Ein Streit? Das Foto beweist jedenfalls, dass Axel nicht allein am Unfallort war. Wir ha-

ben das Foto von Sven und den Knopf von Svens
Jeansjacke ...“
„Immer wieder Sven!“, unterbricht Gerlinde Schmitz.
„Sven wollte heute Morgen auch nicht, dass Meike mit mir
spricht!“
„Meike weiß bestimmt mehr als wir, wir müssten sie nur
zum Sprechen bringen ...“
„Helmut, ich habe eine Idee!“

10

Freitagmorgen.
Helmut Müller fährt mit einem Mietwagen zum Jugend-
hotel.
An der Rezeption spricht er mit einer Frau, dann geht er
zum Auto und wartet.
Fünf Minuten später geht die freundliche Frau in den Früh-
stücksraum und ruft:
„Telefon für Meike Röder!“
Die Klasse 11 b sitzt beim Frühstück. Meike sitzt zwischen
Sven und Anja.
Erschrocken hört Meike ihren Namen. Sie steht auf.
„Na, Sven, alles klar? Wie hat dir die Party gestern gefal-
len ...?“
Der Lehrer Robert Holm lächelt freundlich und setzt sich
neben Sven.
Meike verlässt den Frühstücksraum. Gerlinde Schmitz folgt
ihr.
An der Rezeption nimmt sie Meike am Arm.
„Komm, wir machen einen kleinen Ausflug!“
„Aber, was ist ...“, protestiert die Schülerin.
„Guten Morgen, Meike. Mein Name ist Helmut Müller.

Darf ich dich zu einem Krankenbesuch einladen?"
„Axel?"

Im Krankenhaus spricht die Lehrerin mit dem Arzt.
„Aber nur fünf Minuten! Der Patient braucht Ruhe und keine Aufregung. Er hatte Glück und es geht ihm täglich besser."
Eine Krankenschwester begleitet Müller, Frau Schmitz und Meike zur Intensivstation[9].
Leise öffnet die Krankenschwester eine Tür.
Der Raum ist schwach beleuchtet. Überall stehen medizinische Geräte.
„Axel? Besuch für dich!"
Meike läuft zum Bett und umarmt Axel. Sie küsst sein bandagiertes Gesicht.
„Meike! Schön, dass du da bist", flüstert Axel. „Hallo, Frau Schmitz!"
„Ich glaube, wir warten besser draußen", lächelt Helmut Müller.

Nach fünf Minuten ist die Besuchszeit zu Ende und die Krankenschwester begleitet Meike hinaus.
Meike wischt ihre Tränen ab und fragt: „Und jetzt?"
„Ich glaube, du wolltest mir gestern etwas erzählen. Leider hat Sven uns unterbrochen. Aber heute sind wir allein!"
Bei dem Namen ‚Sven' erschrickt Meike und sieht ihre Lehrerin an.
Dann erzählt Meike.

„Der Rest ist jetzt Sache der Polizei", sagt Helmut Müller und nimmt sein Handy.

Freitagnachmittag.

Vor dem Jugendhotel stehen drei Autos und ein Bus aus Lübeck.

Ein Auto gehört den Eltern von Axel Fischer, die ihren Sohn im Krankenhaus besuchen.

Zwei Autos gehören der Lübecker Kriminalpolizei.

Mit dem Bus fährt die Klasse 11 b am Abend zurück nach Lübeck – ohne Sven!

Helmut Müller und Gerlinde Schmitz haben noch Zeit für einen Strandspaziergang.

„Ich verstehe nichts mehr von der heutigen Jugend, ich glaube, ich werde alt“, seufzt Müller.

„Aber Helmut! Ich bin täglich mit meinen Schülerinnen und Schülern zusammen und weiß viel zu wenig von ihnen. In unserem Lehrerkollegium hatten wir zwar Vermutungen. Aber niemand von uns hat geahnt, dass Sven seine Mit-

schüler terrorisiert und zum Klauen zwingt. Das war ja richtig organisiert ...!"

„Und wer nicht mitmacht, wird bestraft. Und wer aussteigen will, bringt sein Leben in Gefahr!"

„Ohne Meike wüssten wir immer noch nichts ..."

„Ohne die Liebe!", unterbricht Müller.

„Wie bitte?"

„Meike hat es für Axel getan."

„Sie glauben also an die Macht der Liebe, Herr Privatdetektiv?"

Müller blickt lange auf die Ostsee.

Dann wendet er sich zu Gerlinde Schmitz und sagt lächelnd:

„Ja!"

ENDE

Landeskundliche Anmerkungen

1   Kap Arkona: Kreidekliff im Norden der Insel Rügen
(46 Meter hoch)

2   Karl Friedrich Schinkel (1781 – 1841): Deutscher
Baumeister und Maler, eine der bedeutendsten Künst-
lerpersönlichkeiten des 19. Jahrhunderts.

3   Seemeile = 1852 Meter

4   Gellort: nördlichster Punkt auf der Insel Rügen

5   Thermoskanne: isolierter Behälter, mit dem man Ge-
tränke längere Zeit warm oder kalt halten kann

6   Pension: ein Haus, in dem man im Urlaub schlafen
und essen kann

7   SMS, Short Message Service: schriftliche Nachrichten über das Mobiltelefon

8   klauen = stehlen

9   Intensivstation: Abteilung im Krankenhaus, in der
Patienten liegen, deren Leben in Gefahr ist

1. Helmut Müller findet Gerlinde Schmitz sehr sympathisch. Nach dem Gespräch im Café ist er ein bisschen verwirrt. Er hat Gerlinde immerzu angesehen, aber er weiß nicht mehr genau, was sie gesagt hat. Helfen Sie Müller!

Gerlinde ist Lehrerin   in Leipzig ○
                     in Lübeck ◉
                     in Lindau ○

Morgen   macht Gerlinde
mit der Klasse eine Wanderung. ○

geht Gerlinde
mit der Klasse ins Kino. ○

geht Gerlinde
am Abend mit ihrem Kollegen essen. ○

Helmut Müller soll Gerlinde anrufen. ○
Helmut Müller soll Herrn Holm anrufen. ○
Gerlinde soll Helmut Müller anrufen. ○

2. Lesen Sie Abschnitt 2 noch einmal genau und notieren
Sie in Stichpunkten, was Sie erfahren.

Wer?

Wo?

Wann?

Was geschieht?

3. – 4. Wie passen der Zeitungsartikel und der Bericht von
Gerlinde zu Ihren Notizen? Sie wissen mehr als Gerlinde
und Helmut!
Machen Sie eine Skizze von dem Geschehen am Hochufer:

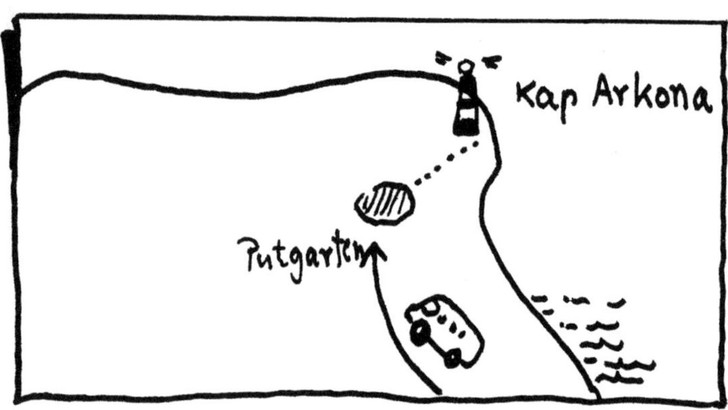

5. Der Privatdetektiv Helmut Müller ist im Urlaub und
macht einen Ausflug. Was passt im Abschnitt 5 zu „Urlaub" (U) , was zu „Privatdetektiv" (P) und was zu bei-
dem?

	U	P
Müller studiert eine Wanderkarte.	☐	☐
Müller besichtigt Leuchttürme.	☐	☐
Müller kauft eine Postkarte.	☐	☐
Müller sieht sich den Weg am Steilufer genau an.	☐	☐
Müller hebt einen Knopf vom Weg auf.	☐	☐
Müller sitzt im Gras und blickt auf die Ostsee.	☐	☐
Müller ruft seine Sekretärin Bea an.	☐	☐

6. Helmut Müller belauscht ein Gespräch zwischen drei Jugendlichen am Lagerfeuer. Was glauben Sie, wer sagt was? Ordnen Sie zu.

(a) Mädchen 1   (b) Mädchen 2   (c) Junge

○ Ihr seid doch zusammen weggegangen!

○ Habt ihr euch gestritten?

○ Ich habe keine Ahnung! Und wenn ihr das nicht glaubt, dann ...

○ Deine Drohungen kennen wir schon!

○ Erzählt bloß keinen Quatsch!

○ Hast du Axels Fotoapparat?

○ Ich weiß gar nichts ...

7. Ergänzen Sie Ihre Notizen, die Sie ab Abschnitt 2 gemacht haben. Unterscheiden Sie zwischen Tatsachen und Vermutungen.

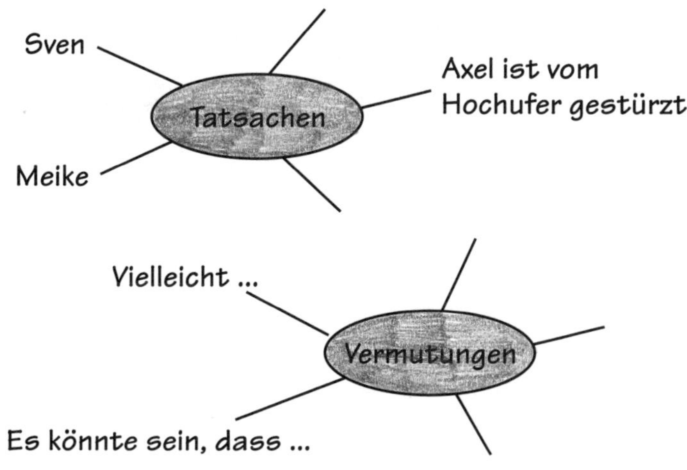

8. – 9. Helmut Müller stellt Gerlinde einige Fragen.
Finden Sie Antworten – Ihre Notizen helfen!

1 Wo war Sven beim Sturz von Axel?

2 Was hat Axel zuletzt fotografiert?

3 Warum findet Müller ausgerechnet an der Unfallstelle
   den Knopf von Svens Jeansjacke?

4 Was wollte Meike heute Morgen von ihrer Lehrerin?

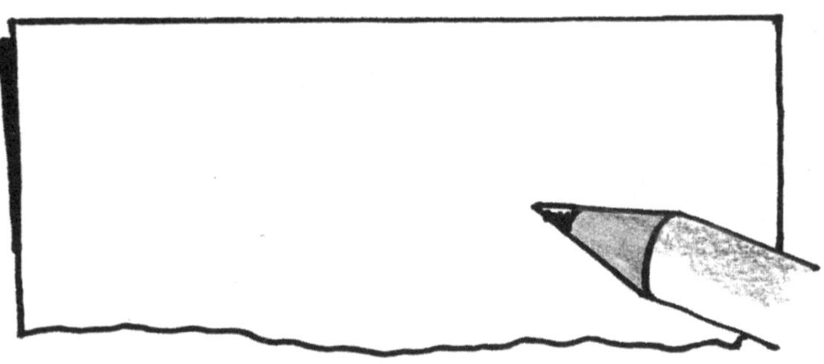

10. Was erzählt Meike Gerlinde Schmitz?

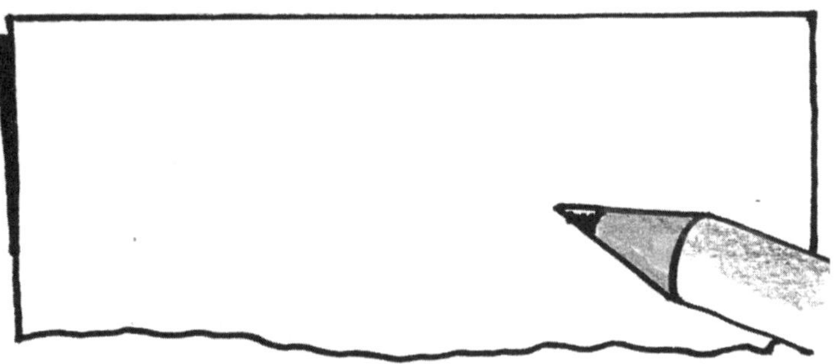

Was tun Sie, wenn Sie einen Kriminalfall lösen? Was tun Sie, wenn Sie einen Text in einer fremden Sprache lesen?

Fragen an den Text	Fragen an den Kriminalfall	Strategien und Techniken
Was verstehe ich?	Was weiß ich?	Notizen machen
Was verstehe ich nicht?	Was ist unbekannt?	mehrmals lesen / nachdenken, kombinieren, spekulieren
Was verstehe ich jetzt zusätzlich? Was davon ist wichtig?	Was weiß ich jetzt mehr? Was davon ist wichtig?	Neues mit Bekanntem verbinden

Finden Sie noch mehr Gemeinsamkeiten?